D1986256

Kelly Marks

Der heiße Draht zum Pferd

Join Up® und Körpersprache

INTELLIGENT HORSEMANSHIP

CADMOS

Inhalt

Impressum

Copyright © Kelly marks 2000
Erschienen by J. A. Allen
Copyright © 2005 by
Cadmos Verlag GmbH, Brunsbek
Gestaltung und Satz: Ravenstein, Verden
Fotos: David Miller, Diana Maclein, Francis Tillemans, Hannah Rose, Horse and Rider, Paddock Sudios, Dido Fisher, Jane Young und John Britter
Zeichnungen: Julia Scholes und Rodney Paull
Aus dem Englischen von Nikola Fersing
Druck: Rasch, Bramsche

Alle Rechte vorbehalten.
Abdrucke oder Speicherung in elektronischen Medien nur nach vorheriger schriftlicher Genehmigung durch den Verlag.
Printed in Germany.

ISBN 3-86127-287-3

Suchen Sie sich etwas heraus, das Ihr Pferd wirklich gut kann; dieses Pony zum Beispiel kann ausgezeichnet „weiß sein"!

Einleitung

Wahrscheinlich können sich viele von Ihnen an Ihre Kindheitsträume vom eigenen Pony erinnern. Ich jedenfalls wusste genau, wie meines aussehen würde. Wir würden uns unglaublich gut verstehen. Mein Pony wäre ein Isabell, dessen langen weißen Schweif und dessen Mähne ich stundenlang hingebungsvoll bürsten würde. Mein Pony käme auf einen Pfiff (etwas unbedacht: ich konnte nämlich gar nicht pfeifen), und es würde mir zufrieden überall hin folgen; alle anderen wären ihm gleichgültig. Es könnte fast zwei Meter hoch springen, allerdings würden wir die meiste Zeit im Renngalopp durch die Gegend fliegen. Kurzum: die perfekte Partnerschaft. Zweifellos war ich durch die Serie *Champion, das Wunderpferd*, die zu der Zeit im Fernsehen lief, beeinflusst. Ich hielt mich für ein benachteiligtes Kind, weil meine Eltern mein erstes Pony erst kauften, als ich schon elf Jahre alt war. Seamus war ein kleiner, sechsjähriger Connemara-Schimmelwallach, der damals 150 Pfund kostete. Als er ankam, fürchtete er sich vor allem und jedem. Die einzige Übereinstimmung zwischen ihm und meinem Traumpony bestand darin, dass ich Stunden damit zubrachte, seine weiße Mähne und seinen Schweif zu pflegen. Nach einiger Zeit verstanden wir uns auch ausgezeichnet, aber das brauchte eine ganze Weile, und einige kleinere Unfälle (zum Glück passierten sie alle mir, nicht ihm) blieben nicht aus. Hätte ich etwas mehr gewusst, wäre das Band zwischen uns, der heiße Draht, vielleicht auf ruhigere Weise entstanden.

Heute muss niemand mehr zwangsläufig Pferde haben oder mit ihnen umgehen, und so sollte man meinen, dass niemand sich aus einem anderen Grund als zum eigenen Vergnügen mit Pferden beschäftigt. Betrachten Sie die Situation jedoch genauer, dann stellen Sie fest, dass viele Leute weitaus komplexere Motive dafür haben. Und nur weil jemand zu seinem Pferd keine besonders glückliche Beziehung hat, heißt das noch lange nicht, dass er masochistische Tendenzen hat! Vielleicht ist er nur mit falschen Erwartungen an die Sache herangegangen. Genauso wie wir manchmal zugeben müssen, dass uns nicht eben eine Kopie der Ehe von Humphrey Bogart und Lauren Bacall in unserem Privatleben geglückt ist, so müssen wir auch akzeptieren, dass wir nicht unbedingt ein Äquivalent zu John Whitaker und Milton sind, was die Pferde angeht. Manche Menschen sind angesichts dessen sehr enttäuscht, andere wollen es nicht wahr haben. Die Intelligent Horsemanship Association bekommt immer wieder Anfragen um Rat und Hilfe, „Mein Pferd beißt mich, schlägt nach mir, bockt mich herunter, überrennt mich", die alle nach bester Talkshow-Manier ausklingen: „... aber ich liebe es!"

Verstehen Sie Ihr Pferd!

In jeder Beziehung, sei es zwischen Menschen oder zwischen Mensch und Pferd, gibt es gewisse Erfordernisse. Grundlegende Voraussetzung ist für mich beispielsweise, dass nicht ein Partner den anderen verletzt. Ich würde das unter „Grenzen setzen" fassen, und solche Grenzen müssen für beide ganz klar sein. Wenn es Ihnen hilft, machen Sie sich eine Liste zur Erinnerung. Entscheiden Sie, welches Verhalten Ihres Pferdes Sie tolerabel finden und welches nicht. Denken Sie auch daran, Ihren eigenen Beitrag zu dieser Vereinbarung zu betrachten. Der Schmerz, den Peitsche oder Sporen verursachen, ist vielleicht offensichtlicher, aber dauerndes Unbehagen durch einen schlecht passenden Sattel oder die Angst, die eine rücksichtslose Fahrweise mit dem Pferdeanhänger hervorruft, sind ebenso schlimm.

Konsequenz ist das Schlüsselwort, denn nur so kann ein Pferd lernen, was es darf und was nicht. Kaum ein Pferd wird verstehen, warum es sonst seinen Kopf nach einem normalen Ausritt an Ihnen scheuern darf, Sie sich jedoch heute fürchterlich darüber aufregen, nur weil Sie mit ihm vor Richtern im Vorführring stehen. Ich glaube, dass jeder, der die Wahl hätte zwischen einem harten, aber gerechten Arbeitgeber und einem launischen, kapriziösen, sich für Ersteren entscheiden würde. Nicht zu wissen, wie man es jemandem recht machen kann, ist unglaublich frustrierend. Sie bekommen das Gefühl, keine Kontrolle mehr über Ihr Leben zu haben, und werden immer deprimierter, weil es alles keinen Unterschied zu machen scheint, egal was Sie tun. Frustration kann sich auf verschiedene Weise zeigen. Häufig bekomme ich Anrufe, die mit dem Satz beginnen: „Mein Pferd beißt mich plötzlich ... und völlig grundlos!"

Kommunikation

Sie müssen lernen, sich dem Pferd in seiner Sprache verständlich zu machen. Die Pferdesprache besteht in erster Linie aus Bewegungen und Körpersignalen, weniger aus Lauten. Natürlich benutzen Pferde auch ihre Stimme zur Verständigung, aber dabei geht es meist nur darum mitzuteilen, wo sie sind, sei es das allein gelassene Jungpferd, die Stute, die ihr Fohlen sanft anblubbert, oder der schneidende Ruf des Hengstes: „Hier bin ich!" Deshalb ist es grundsätzlich angeraten, sich an ein Pferd im Stall nicht anzuschleichen, sondern es immer rechtzeitig mit einigen sanften Worten anzusprechen. Pferde können durchaus einige verbale Kommandos erlernen, aber Sie sollten immer daran denken, dass diese Sprache nicht die ihre ist. Wollen wir auf eine Wellenlänge mit unserem Pferd kommen, müssen wir einen Teil ihrer Sprache und Weltsicht kennen lernen.

Einsatz aggressiver Körpersprache

Interaktion

Man muss sich klar machen, wie Pferde im natürlichen Herdenleben miteinander umgehen. Von Natur aus sind sie für die Gemeinschaft geschaffen. Als Beutetiere landen sie bei einem Zusammenstoß mit Beutegreifern auf dem Teller, niemals essend davor. Das Überleben steht also ganz oben. Pferde halten sich möglichst aus jedem Ärger heraus und bleiben im Schutz ihrer Herde. Lassen Sie sich nicht irreführen von Dokumentarfilmen, in denen das Leben von Wildpferden nur aus Paarungen und Kämpfen besteht. Diese Dokumentationen spiegeln nur unsere menschliche Gier nach Sex und Gewalt auf dem Bildschirm.

Genau wie die Vorabendserien erhöhen sie das Dramatische des menschlichen Lebens um ein Vielfaches, denn es wäre viel zu langweilig sich anzusehen, was die meisten Menschen wirklich den Tag über tun (herumsitzen und Vorabendserien sehen beispielsweise). So lassen die Produzenten der Dokumentarfilme einfach die Tatsache aus, dass Pferde rund 60 Prozent ihrer Zeit mit Fressen verbringen.

Es gibt innerhalb einer Pferdeherde klare disziplinarische Regeln und festgelegte Signale, mit denen Pferde Respekt und Unterordnung ausdrücken. Wir können das Wissen darum in unserer eigenen Beziehung zum Pferd nutzen, um zu einem verständnisvolleren Miteinander zu gelangen. Die wichtigste Eigenschaft der Kommunikation zwischen Pferden ist ihre Einfachheit. Denken Sie schwarzweiß. Ja und nein. Nicht so: „Er macht das absichtlich, weil er genau weiß, dass ich heute keine Zeit habe, stundenlang mit dem Halfter hinter ihm herzulaufen."

Pferde sind selten kompliziert. Sie planen keine Verschwörungen. Sie machen keine langfristigen Vorhersagen. Sie neigen dazu, stets den Weg des geringsten Widerstands zu gehen. Es liegt bei uns, ihnen das Richtige leicht und das Unerwünschte schwer zu machen, so dass das Pferd bald von selbst das tun möchte, was wir uns wünschen. Dies ist kein neues Konzept: Katharina die Große übernahm nach dem Tod ihres Gemahls Peter III. im Jahre 1762 die Alleinherrschaft über Russland. Niemand glaubte, dass sie lange überleben würde, doch setzte sie ihre Intelligenz ein, und es gelang ihr hervorragend: „Man muss so regieren, dass die Untertanen denken, sie selbst wollten auf die Weise handeln, die ihnen befohlen wird." Genau.

Machen Sie sich ein einfaches Konzept zu Eigen: Man muss es dem Pferd leicht machen zu tun was es soll, und schwer zu tun was es nicht soll.

Damit liegen Sie bildlich gesprochen um Längen vor dem Feld, was die Beziehung zu Ihrem Pferd betrifft. Ich möchte noch einmal ganz deutlich sagen, dass mit „schwer machen" nicht Schmerzen gemeint sind. Schmerz ist ein schlechtes Mittel zum Zweck, denn mit dem Anstieg von Adrenalin und Angst sinkt die Lernfähigkeit. Schmerz lehrt das Pferd, was es zu vermeiden gilt – aber Sie wollen doch nicht, dass es den Ausbilder oder Reiter als zu vermeidendes Übel betrachtet! „Schwer machen" kann man es dem Pferd schon damit, dass man ihm fest in die Augen sieht und sich ihm unter Einsatz aggressiver Körpersprache nähert. Innerhalb einer Umzäunung (ein Round Pen von 15 Metern Durchmesser ist ideal) kann man mittels aggressiver Signale ein Pferd fortschicken und arbeiten lassen; das ist eine hervorragende disziplinarische Maßnahme, wie sie in ähnlicher Form auch unter Wildpferden üblich ist.

Im Round Pen

Join Up® oder Vertrauenstraing

Wenn Sie beginnen, eine Beziehung zu Ihrem Pferd aufzubauen, so steht ein Vorgang im Mittelpunkt, der vom kalifornischen Pferdeausbilder Monty Roberts als „Join up®" bezeichnet wird. Durch Kommunikation mit dem Pferd in seiner eigenen Sprache schaffen Sie Respekt und Vertrauen. Sie setzen Ihre Körpersprache ein, um die Bewegungen des Pferdes zu beeinflussen und um seine Richtung und sein Tempo zu kontrollieren. Dadurch erhalten Sie ein festes Fundament, auf dessen Basis Sie Ihr Pferd später dirigieren können - unter dem Sattel, im Geschirr oder an der Hand.

Das Vertrauenstraining ist deshalb ein so einzigartiges Mittel, weil das Pferd die ganze Zeit über seine eigenen Entscheidungen trifft. Sie können kein Pferd zwingen, zu Ihnen zu kommen und ein Join up® zu vollziehen, und auch bleiben muss es freiwillig. Das Pferd ist bei Ihnen, weil es das so will, und darin liegt der fundamentale Unterschied zu anderen Trainingsmethoden. Gelingt Ihnen ein Join up® mit Ihrem Pferd, dann heißt das, dass Sie schon weit sind auf dem Weg, eine respektvolle Beziehung einzugehen und eine enge Verbindung mit ihm zu knüpfen – der heiße Draht zum Pferd, den wir uns alle wünschen.

Im Folgenden finden Sie eine Schritt-für-Schritt-Anleitung der Vorgänge beim Join up®. Bei diesem sehr speziellen Trainingsprogramm arbeiten Sie mit einem jungen, halfterführigen Pferd in einer Umfriedung und setzen dabei körpersprachliche Signale ein. Alle Pferde haben ihre eigene Persönlichkeit und reagieren unterschiedlich, aber „Equus" ist die universelle Körpersprache der Pferde, die von den meisten Pferden auch verstanden wird, wenn Sie sie nur deutlich und flüssig genug sprechen.

Schritt 1: Einen geeigneten umzäunten Platz finden

Das Join up® kann an jedem sicheren Ort durchgeführt werden. Am einfachsten ist es in einem Round Pen oder Longierzirkel von etwa 15 Metern Durchmesser. Auch ein Reitplatz oder eine Halle sind durchaus geeignet; Sie können dort die Ecken blockieren, damit ein Pferd nicht in ihnen stehen bleibt. Eine zu große Fläche kann durch Fänge und Hindernisständer verkleinert werden. Ein Round Pen kann schnell mittels eines Elektrozaunes aufgebaut werden – ohne Strom natürlich!

Nutzen Sie Ihre Fantasie. Sollte das Pferd aus einer der eher ungewöhnlichen Umzäunungen herausspringen oder sie durchbrechen, muss es unbedingt an einem sicheren Ort landen, zum Beispiel innerhalb einer Weide, keinesfalls auf einer Straße.

Schritt 2: Das Pferd wegschicken

Für den Vorgang des Vertrauenstraing muss Ihr Pferd wissen, dass Sie es wegschicken können, dass Sie seine Bewegungen genauso steuern können, wie die Leittiere einer Herde es könnten. Zwei Ansätze gibt es, wie Sie das Pferd veranlassen können, von Ihnen weg zu laufen. Beim ersten führen Sie das Pferd in die Umzäunung, lösen den Strick und warten, bis es von Ihnen weggeht. In dem Moment benutzen Sie eine aggressive Körpersprache, die ihm deutlich zu verstehen gibt: „Gut, wenn du gehen willst, dann geh auch." Die zweite

Methode ist aktiver: Sobald Sie das Führseil aushaken, schicken Sie das Pferd mit aggressiven Signalen weg. Die erste Methode eignet sich eher für ängstliche Pferde, die zweite ist besser bei selbstbewussten Tieren.

Fünf oder sechs Runden lassen Sie das Pferd in flottem Trab oder Galopp gehen. Es sollte respektvoll, aber nicht verängstigt von Ihnen weglaufen. Wird es zu schnell, üben Sie wahrscheinlich zu viel Druck aus. Legt es nur einen Schlendertrab hin, nimmt es Sie nicht recht ernst. Wenn eine Leitstute andere Pferde von sich wegtreibt, erwartet sie eine verflixt flotte Reaktion!

Schritt 2: Das Pferd wegschicken

Aggressive Körpersprache

AUGE IN AUGE

Starren Sie einem Pferd direkt in das Ihnen zugewandte Auge, versteht das Pferd dies als aggressive Geste, und es strebt von Ihnen fort.

BREITE SCHULTERN

Sie halten einen 45-Grad-Winkel zum Pferdekopf ein und bleiben dabei dem Pferd zugewendet (siehe Zeichnung);
Ihre Schultern bleiben stets im rechten Winkel zu dieser Linie. So sieht das Pferd Sie immer genau von vorn, was ebenfalls ein Signal zum Wegschicken ist.

SCHNELLE BEWEGUNGEN

Heftige, ruckartige Bewegungen wie das Heben der Hände in Richtung der Hinterhand veranlassen das Pferd dazu, vorwärts zu laufen. Noch verstärkt werden kann die Wirkung, indem Sie eine Länge des Führseils in seine Richtung werfen. Kleine Schritte auf das Pferd zu von der Kreismitte aus, in der Sie aber bleiben, lassen es weiter und schneller weglaufen. Passen Sie immer auf, dass Sie außerhalb des Schlagbereichs bleiben, in dem das Pferd Sie mit den Hinterbeinen treffen könnte. Dieser Bereich reicht etwa dreieinhalb Meter weit, wobei Sie bedenken müssen, dass ein Pferd blitzschnell auf der Vorhand wenden und Ihnen das Hinterteil zudrehen kann, wenn es das will.

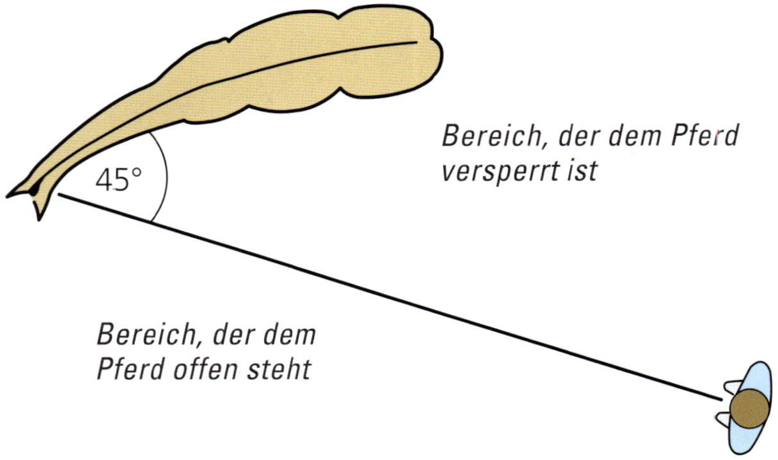

Schritt 3:
Die Bewegungsrichtung des Pferdes ändern

Nun sollten Sie die Bewegungsrichtung des Pferdes ändern, denn damit vermitteln Sie ihm, dass Sie nicht nur sein Tempo, sondern auch seine Richtung kontrollieren können. Indem Sie vor das Pferd treten, stoppen Sie seine Vorwärtsbewegung. Damit wird ihm ein Teil des Zirkels versperrt, und ein anderer öffnet sich. Galoppiert das Pferd, müssen Sie zügig quer durch den Zirkel marschieren, um ihm den Weg abschneiden zu können. Trabt es, reicht meist ein Drittel des Zirkels (siehe unten rechte Zeichnung). Wichtig ist, dass Sie den Augenkontakt und die aggressive Körpersprache aufrechterhalten.

Erlauben Sie dem Pferd, seine neue Richtung für fünf oder sechs Runden beizubehalten, bevor Sie es wieder in seine ursprüngliche Fluchtrichtung wenden. In einem Round Pen von 15 Metern Durchmesser hat es nun etwa einen halben Kilometer zurückgelegt, was der natürlichen Fluchtdistanz frei lebender Pferde entspricht. Wäre es von einem Beutegreifer verfolgt worden, wäre es nun entweder frei – oder zum Mittagessen geworden! Findet sich das Pferd in diesem Stadium nun immer noch getrieben, ohne dass es bislang zu Schaden gekommen wäre, so wird es wahrscheinlich erste Signale aussenden und versuchen, in neue Verhandlungen einzutreten. Sie werden merken, dass Sie mit der Zeit besser werden in der körpersprachlichen Ausdrucksweise und auch beim gezielten Werfen des Seilendes. Wir fordern Kursteilnehmer immer dazu auf, erst einmal aneinander zu üben, bevor wir sie auf die Pferde loslassen.

Das Pferd wenden …

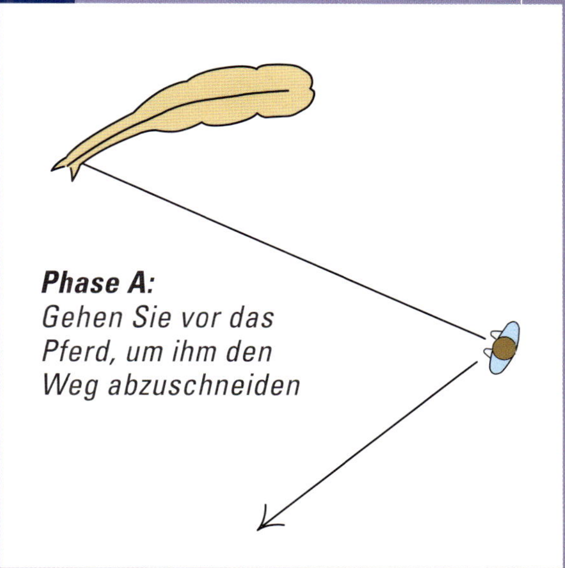

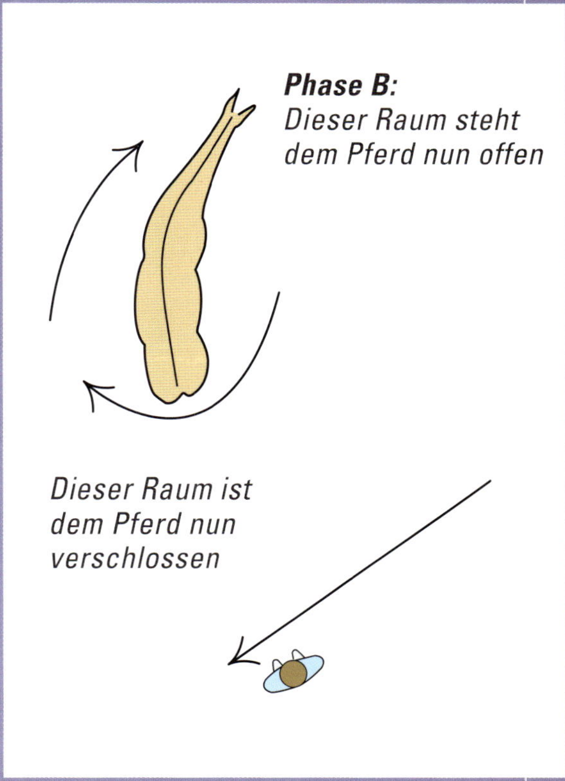

Das Pferd wenden ...

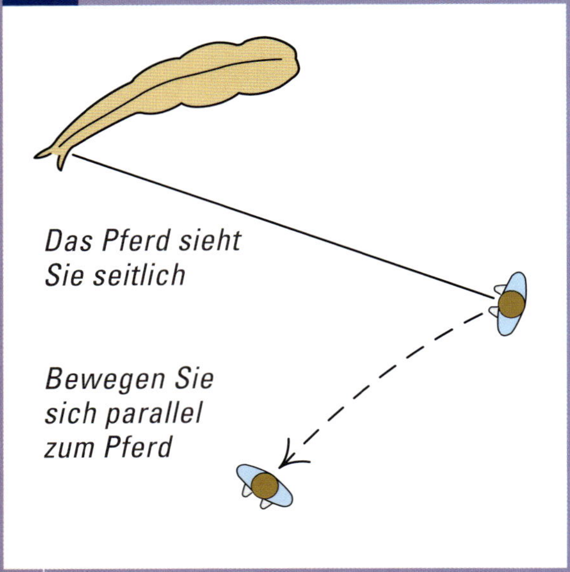

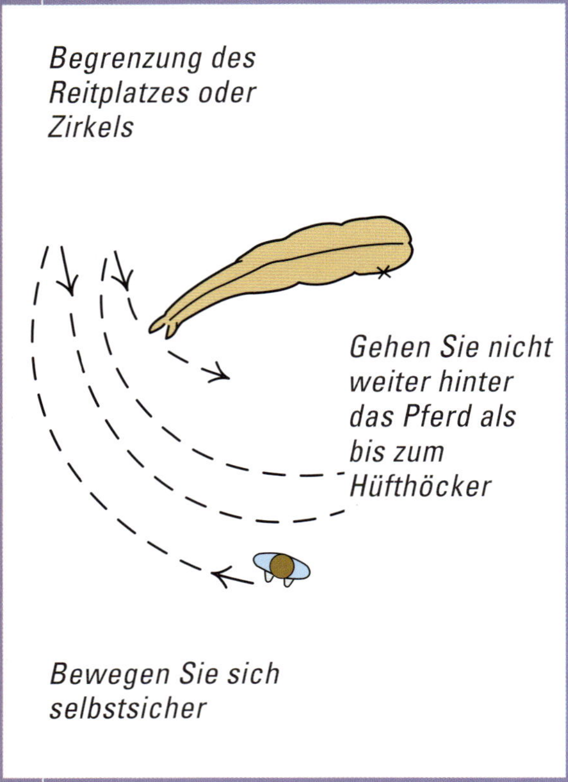

Schritt 4: Das Pferd einladen

Bei der Einladung sollte es sich auch wirklich um eine deutliche Einladung handeln, nicht nur um ein plötzliches Nachlassen des Drucks. Dazu müssen Sie Ihr Seil aufwickeln und sich ruhig in eine Position 45 Grad vor dem Pferdekopf begeben, wo es Sie gut sehen kann. Nehmen Sie nun eine passive, freundliche Körperhaltung ein: Vermeiden Sie den direkten Augenkontakt, behalten Sie das Pferd nur noch eben im Augenwinkel. Drehen Sie sich, so dass es Sie von der Seite sieht, und lassen Sie die Schultern ein wenig hängen (siehe unten- stehende Zeichnung links). Bleiben Sie still stehen und geben Sie damit dem Pferd eine Chance, zu Ihnen zu kommen oder wenigstens in Ihre Richtung zu sehen und sich nicht weiter zurückzuziehen.

Kommt das Pferd zu Ihnen, so ist das wunderbar. Bleibt es einfach stehen und sieht Sie an, bewegt sich jedoch nicht näher heran, ist dies auch kein Grund zur Sorge; Pferde verhalten sich häufig so. Zu Schritten in Ihre Richtung können Sie es ermutigen, indem Sie um seinen Kopf herum kleine Halbkreise und Bögen gehen, immer nur ein paar Schritte auf einmal. Dann bleiben Sie wieder stehen und warten einige Sekunden, bevor Sie weitergehen (siehe Zeichnung links unten). Jeder Halbkreis bringt Sie dem Pferd etwas näher. Bewegt sich das Pferd nun auf Sie zu, bleiben Sie stehen und warten. Wenn es freiwillig auf Sie zukommt und mit seiner Nase Ihre Schulter berührt, haben Sie das Join up® erreicht. Tut es das nicht, kreisen Sie weiter, bis Sie dicht heran sind, und streicheln es beruhigend auf der Stirn. Oft brauchen Pferde diesen Kontakt, um Ihnen anschließend vertrauensvoll zu folgen.

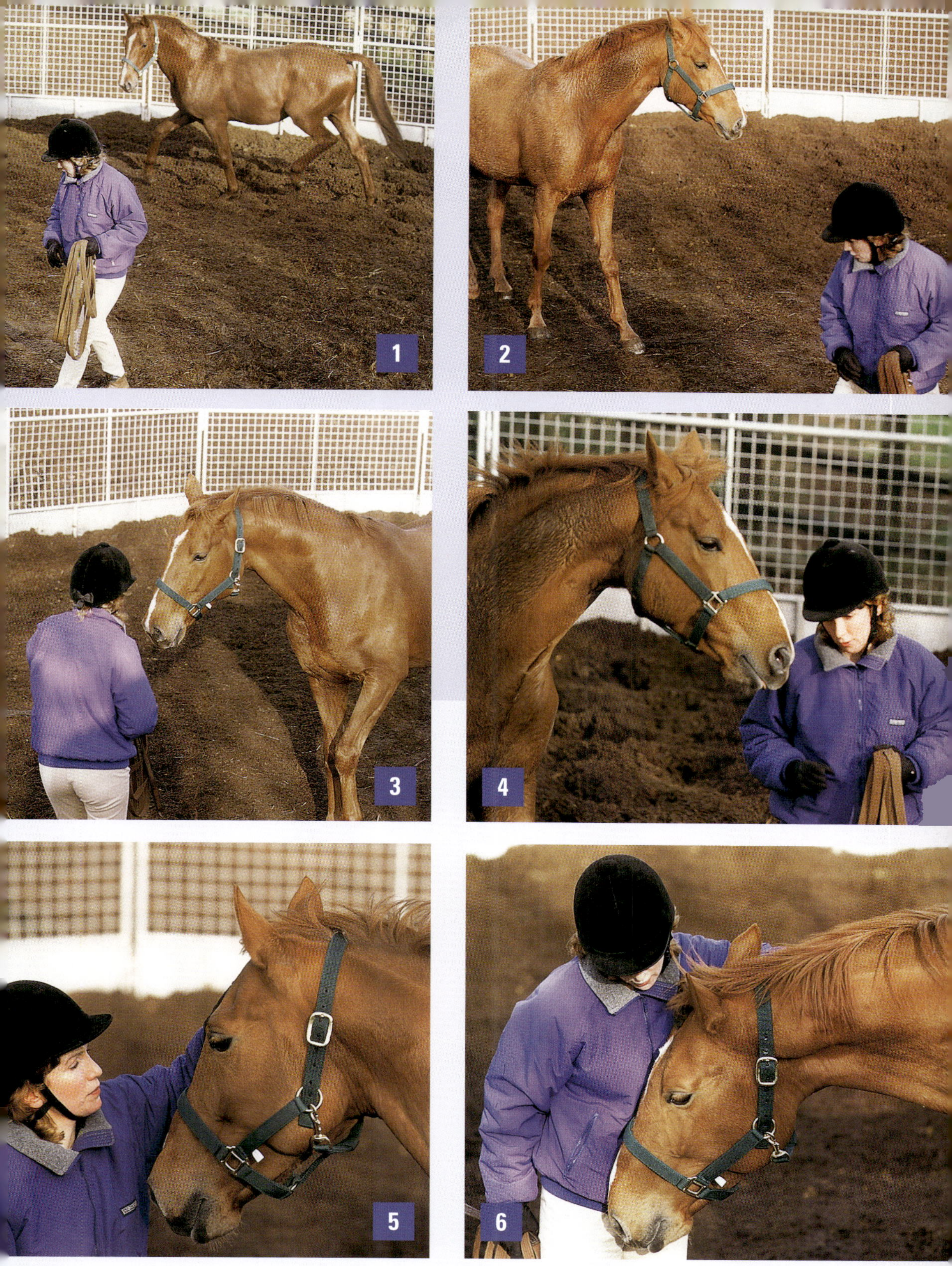

Das Pferd wird eingeladen und ein Join up® erreicht.

Die Signale

Ohr zudrehen

Dreht Ihnen das Pferd sein inneres Ohr zu, wird es kurz darauf langsamer oder bleibt sogar stehen, ist dies ein klares Zeichen seiner Aufmerksamkeit. Das Drehen des Ohres ist normalerweise das erste Anzeichen, das zu bemerken ist, und es erfolgt nicht selten schon kurz nach dem Wegschicken.

Den Zirkel verkleinern

Das Laufen auf einem kleiner werdenden Zirkel zeigt Ihnen, dass das Pferd bei Ihnen sein möchte. Sie müssen jedoch sicher sein, dass es nicht nur etwas gegen die Außenbegrenzung des Zirkels hat und deshalb mehr Abstand dazu wünscht, sondern dass es das Wegschicken tatsächlich akzeptiert hat. Günstig ist es immer, wenn ein Pferd sich den Round Pen vorher ansehen und sich daran gewöhnen kann. Das Verkleinern des Zirkels am Anfang der Arbeit kann deshalb etwas anderes bedeuten als zu einem späteren Zeitpunkt.

Kauen und Lecken

Wahrscheinlich beginnt das Pferd irgendwann, mit herausgestreckter Zunge kauende und leckende Bewegungen zu machen. Das ist ein Rückfall zu einer Verhaltensweise von Fohlen gegenüber der Mutter und ranghöheren Herdenmitgliedern, die bedeutet: „Ich bin nur ein kleines Baby und tue niemandem etwas." Manchmal ist das Signal klar erkennbar, manchmal sehr subtil, und manchmal sehen Sie es erst, wenn Sie das Pferd einladen.

Den Kopf herunternehmen

Auch das Senken des Kopfes kann eine sehr ausgeprägte Geste sein, bei der der Pferdekopf im Lauf fast den Boden berührt, oder viel subtiler, indem das Pferd den Kopf nur ganz leicht herunternimmt. Man erreicht dieses erwünschte Verhalten schneller, wenn man immer in dem Bereich des Zirkels, in dem das Pferd die Geste anbietet, den treibenden Druck verringert. Damit macht man sich die Neigung des Pferdes zunutze, immer an derselben Stelle einer Runde den Kopf zu senken, weil es sich dort wohler fühlt. Zum Schluss nimmt das Pferd möglicherweise den Kopf ganz herunter. Monty Roberts übersetzt das wie folgt: „Wenn wir eine Konferenz anberaumen könnten, um unsere Vereinbarung neu zu verhandeln, würde ich Ihnen den Vorsitz überlassen!" Wachsende Erfahrung wird Ihre Wahrnehmung der kommunikativen Signale verfeinern; wenn Sie jedoch das beschriebene Verhalten bei einem Pferd sehen, dann bittet es darum, den Druck wegzunehmen: Es ist bereit, zu Ihnen zu kommen zum Join up®.

Vielleicht erkennen Sie nicht alle Signale deutlich. Entweder waren sie wirklich nur sehr unauffällig, oder Sie haben sie übersehen, oder das Pferd hat sie möglicherweise gar nicht ausgesandt. Je unklarer Sie in Ihrer Ausdrucksweise sind, desto weniger mitteilsam wird Ihr Pferd sein. Grundsätzlich ist es nicht gut, zu lange auf Signale zu warten und das Pferd laufen zu lassen. Als Faustregel gilt, dass nach ungefähr sechs Minuten ein Ohr zu Ihnen gedreht sein sollte und ein weiteres klares Signal erfolgen sollte; dann können Sie das Pferd einladen. Sie sollten auf keinen Fall ohne die Hilfe von Experten länger weitermachen. (Siehe auch „Die häufigsten Fragen" auf Seite 17.)

Die häufigsten Fragen

1. Gibt es Pferde, mit denen man kein Join up® durchführen sollte?

Wie bereits erwähnt, setze ich voraus, dass Sie ein ruhiges, umgängliches und mindestens zweijähriges Pferd haben, das halfterführig ist. Ich würde niemandem, der noch über wenig Erfahrung mit den beschriebenen Methoden verfügt, dazu raten, ohne Hilfe oder Überwachung durch einen Experten mit einem anderen Pferd zu arbeiten, denn Sie müssten eventuell anders vorgehen oder das Join up® zu einem anderen Zeitpunkt vollziehen. Sie müssen immer daran denken, dass das Join up® nur ein Mittel ist auf dem Weg zu einer guten Beziehung zwischen Ihnen und Ihrem Pferd. Es wäre verkehrt, sich das Join up® zum Ziel zu setzen und darüber nicht zu sehen, was möglicherweise an diesem Punkt für Ihr Pferd besser wäre!

Auf keinen Fall sollten Sie mit einem aggressiven Pferd ein Join up versuchen. Sie könnten ohne die nötige Erfahrung die Sache leicht noch schlimmer machen. Solche Pferde schult man am besten so lange mit einem Trainingshalfter, bis sie ihre Grenzen kennen und den Menschen respektieren.

Bei einem sehr ängstlichen Pferd kann Schaden angerichtet werden, wenn ein unerfahrener Ausbilder es wegschickt. Man muss die Reaktionen des Pferdes verstehen können. Versuchen Sie in solchen Fällen, vorher das Vertrauen des Pferdes beim Führen und im allgemeinen Umgang zu gewinnen. Zur Gewöhnung an die Körpersprache können Sie es zu gegebener Zeit in einem Round Pen freilassen und es unter Verwendung passiver Körpersprache vorsichtig wieder einfangen. Läuft es weg, gehen Sie gelassen auf seine andere Seite und wenden es, so dass es ins Innere des Round Pens blickt; dann wird Ihr Ausdruck wieder passiv. Das können Sie vorsichtig und ruhig so lange fortführen, bis das Pferd sich berühren lässt. Ließ es sich berühren, bewegen Sie sich zur Belohnung wieder von ihm fort. Das Wegschicken vor dem Join up® muss sehr fein und ruhig vonstatten gehen.

Auch Jungpferde, die noch wenig Umgang mit Menschen hatten, können durch unerfahrene Ausbilder sehr leicht verwirrt werden.

Fohlen, die mit der Flasche großgezogen wurden, lernen oft ihre eigene Sprache nicht, während sie aufwachsen, und sind zum Schluss sehr durcheinander. Bei anderen Pferden sind sie nicht sonderlich beliebt, vor Menschen haben sie keinen Respekt. Solchen Pferden muss man sich auf andere Weise nähern.

2. Mein Pferd lässt sich nicht wegschicken

Bei manchen Pferden müssen Sie ausgesprochen entschlossen vorgehen und energisch auftreten. Wichtig ist, dass Sie auch wirklich in einem 45-Grad-Winkel hinter dem Pferd sind, denn wenn Sie zu dicht vor das Pferd kommen, verlangsamen und blockieren Sie es. Werfen Sie das Ende des Führseils in seine Richtung, schlagen Sie das Seil gegen Ihre Beine oder Ihre Jacke, wedeln Sie mit den Armen, machen Sie Geräusche und stampfen Sie mit den Füßen auf. Wenn Sie sicher sind, dass nicht Sie selbst etwas falsch machen, dann kann das Problem darin begründet liegen, dass dieses Pferd als Fohlen zu viel Umgang mit Menschen hatte oder dass Sie die Prozedur zu häufig wiederholt haben. Überlegen Sie sich andere Wege, das gewünschte Endresultat zu erreichen.

3. Mein Pferd ändert ständig die Richtung

Meist passiert das, weil Sie zu weit vor das Pferd geraten und ihm den Raum blockieren, in den es flüchten wollte. Damit bekommt es das Signal zum Abwenden. Leider geschieht es leicht, dass man gleich nach einer Wendung vor das Pferd kommt und es versehentlich wieder in die andere Richtung schickt. Denken Sie einfach daran, dass es nach einem Raum sucht, in den es laufen kann. Geben Sie ihm diesen Raum. Manchmal ändert das Pferd die Richtung, weil es vom Geschehen außerhalb des Zaunes abgelenkt wird. Wenn das immer wieder an derselben Stelle geschieht, üben Sie rechtzeitig etwas mehr treibenden Druck aus.

4. Mein Pferd folgt mir nicht

Wichtig ist, dass Sie ruhig und sicher auf einem Kreis der richtigen Größe gehen. Bei einem zu kleinen Zirkel riskieren Sie, dass das Pferd nicht folgt, weil es nicht so eng wenden kann, bei einem zu großen Zirkel ist der Anreiz zum Mitgehen geringer. Gehen Sie flüssig und ohne zu zögern, denn ein Zögern lässt das Pferd anhalten. Gehen Sie zu langsam, verliert das Pferd sein Interesse; dieser Fehler wird häufig gemacht, weil man es unbedingt schaffen will. Einige Menschen können sich nicht vorstellen, dass das Pferd überhaupt nachfolgt, und bewegen sich kaum vorwärts, fast als solle das Pferd vorangehen. Denken Sie daran: Wenn Sie nicht führen, kann das Pferd nicht folgen, das geht einfach nicht. Haben Sie trotz allem noch Probleme, haken Sie ein Führseil ein. Geht das Pferd ohne Zug am Seil mit, dann wissen Sie, dass Sie sich vermutlich falsch bewegen. Kommt es auch mit dem Seil nicht bereitwillig mit, sollten Sie den Cadmos Fotoratgeber „Führen und Verladen" lesen.

5. Mein Pferd kommt nicht nach innen und verkleinert auch den Zirkel nicht

Wurde Ihr Pferd bereits longiert? An der Longe wird es üblicherweise getadelt, wenn es den Zirkel verkleinert oder abwendet, um den Longenführer anzusehen. Pferde, die an der Longe gearbeitet wurden, mussten lernen, die Körpersignale des Ausbilders in der Mitte zu ignorieren, und schalten deshalb einfach ab. Wendet man das Pferd mehrfach, kann man seine Aufmerksamkeit wieder erhöhen.

6. Wie oft sollte ich ein Join up® durchführen?

Führen Sie beim Beginn der Arbeit mit einem Jungpferd das Join up® drei oder vier Mal durch, ist das in Ordnung. Wiederholen können Sie es später, wenn Sie das Pferd erneut in die Arbeit nehmen oder wenn Sie Ihre Beziehung mit dem Pferd neu klären müssen, zum Beispiel nach einem Stallwechsel. Das formale Join up® selbst müssen Sie nicht sehr häufig durchführen, aber es ist wichtig, die klare Körpersprache im tagtäglichen Umgang einzusetzen.

Sehr bestimmt lassen Sie das Pferd zurückweichen, wenn es in Ihren Raum eingedrungen ist, passiv verhalten Sie sich beim Einfangen oder wenn Sie wollen, dass es sich bei Ihnen wohl fühlt. Lassen Sie das Pferd auf einem umzäunten Platz laufen und gehen Sie herum. Bleibt es die ganze Zeit bei Ihnen (und das nicht, weil Sie es mit Leckerli füttern – tun Sie das auf keinen Fall!), dann ist es bereits eng genug mit Ihnen verbunden, „joined up" eben.

7. Mein Pferd folgt mir überall hin. Ist es mir bereits wie beim Join up® verbunden?

Kann sein, muss aber nicht. Möglicherweise betrachtet es Sie als fairen, beständigen Führer und möchte bei Ihnen bleiben, weil ihm die gemeinsamen Erfahrungen gezeigt haben, dass es Ihnen vertrauen kann und bei Ihnen sicher ist. In diesem Fall ist es Ihnen tatsächlich im Sinne des Join up® verbunden. Läuft es nur hinter Ihnen her, weil Sie es mit Leckerli füttern, weil es neugierig ist oder es liebt, Sie durch die Reitbahn zu schubsen, dann haben Sie kein Join up® erreicht, wie es unter dem von Monty Roberts geprägten Begriff verstanden wird. Das Ihnen im Join up® verbundene Pferd respektiert Sie und lässt sich von Ihnen wegschicken. Ein solches Wegschicken ist nicht weniger sinnvoll als das Reiten eines Zirkels im Trab, das Fahren vom Boden oder das Longieren.

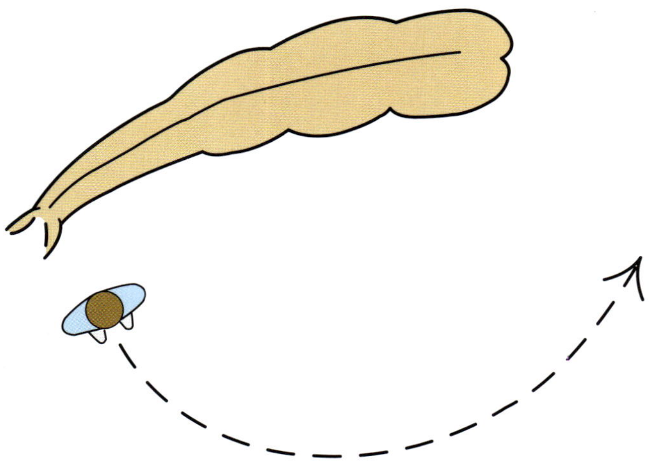

Gehen Sie selbstsicher und bestimmt um das Pferd herum

Follow up™

Wenn Sie den Kopf Ihres Pferdes erreicht haben, streicheln Sie es kräftig auf der Stirn und gehen dann in Kreisen wieder von ihm weg (siehe Zeichnung). Fangen Sie mit Zirkeln auf der rechten Hand an, wobei der Durchmesser ungefähr der Länge des Pferdes entsprechen sollte, und bewegen Sie sich gleichmäßig und bestimmt. Ist der Kreis nach rechts vollendet, gehen Sie nach links. Das Pferd sollte Ihnen folgen oder sich zumindest so bewegen, dass sein Kopf immer in Ihre Richtung weist. Tut es sich damit schwer, können Sie am Halfter etwas nachhelfen; nehmen Sie es nur einige Schritte mit und gehen Sie anschließend flüssig weiter. Erreichen Sie, dass das Pferd Ihnen folgt – Monty Roberts prägte dafür den Begriff „Follow up™" – so ist Ihnen etwas ganz Besonderes gelungen. Sie haben sich mit Ihrem Pferd in seiner eigenen Sprache verständigt und einen Handel abgeschlossen. Sie haben ihm zu verstehen gegeben, dass Sie seine Sicherheitszone sind und dass in Ihrer Nähe alles einfacher und angenehmer ist. Die Auswirkungen dieser Vereinbarung können für Sie beide sehr weitreichend sein. Ich habe Pferde gesehen, die nach diesem Prozess völlig verändert waren, als wollten sie sagen: „Endlich jemand, der mich versteht!"

1

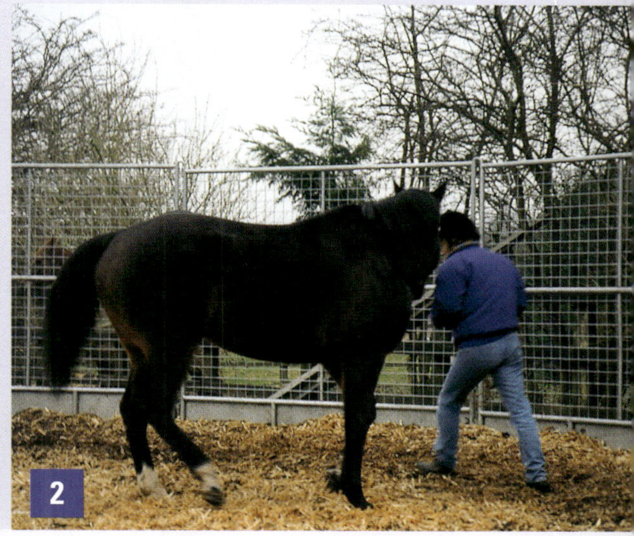
2

3

4

5

6

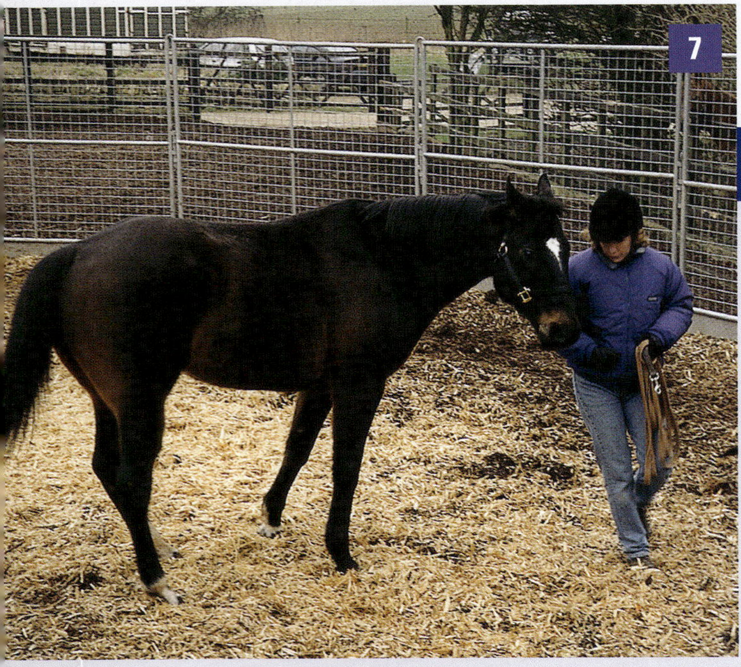

7

Das Pferd sollte sich dazu entschließen, seinen Kopf nahe bei dem Ihren zu lassen, während Sie mit ihm in kleinen Kreisen erst nach rechts, dann nach links gehen.

Woran Sie denken sollten

• Beobachten Sie genau. Lernen Sie, im Pferd zu lesen. Seine Augen, Ohren, Herzfrequenz, Beine, Schweifhaltung, kurz: sein ganzer Körper teilt Ihnen mit, was es denkt und fühlt. Manchmal muss ich Besitzern sagen, dass ihr Pferd einfach nur nicht versteht, was sie von ihm wollen. Sie vermuten gern Zauberkräfte bei mir, besonders wenn ich vorhersagen kann, was das Pferd als Nächstes tun wird. Zauberkräfte sind das natürlich nicht; ich beobachte genau und lese die Zeichen, die das Pferd mir gibt. Ich sehe, wie das Pferd kaut und leckt. Ich fühle seinen Puls. Ich sehe den besorgten Ausdruck um seine Augen. Jeder kann lernen, das alles zu sehen. Es muss Ihnen nur wichtig genug sein.

• Seien Sie freundlich. Innerhalb gewisser Grenzen haben Sie die Möglichkeit, es dem Gegenüber so ungemütlich wie möglich zu machen. Häufig sehe ich Pferdepfleger in Lambourn auf Rennpferden, denen sie hier und da einen Ruck im Maul oder einen Tritt mit der Ferse geben. Das Pferd selbst scheint keine Ursache für dieses Verhalten zu liefern. Wahrscheinlich sind diese Pferdepfleger unzufrieden mit irgendetwas anderem in ihrem Leben, und ein Pferd kann sich nicht wehren. Für feige Menschen ist es leichter, sich am Pferd abzureagieren als das tatsächliche Problem in Angriff zu nehmen, und so findet eine Übertragung auf ein Ersatzobjekt statt (siehe „Schattenseiten", Seite 26). Bei anderen Gelegenheiten sieht man Stallburschen, die ihr Pferd streicheln oder klopfen. Pferd und Pfleger sind danach zufriedener.

• Seien Sie großzügig. Halten Sie Ausschau nach lobenswerten Reaktionen, tadeln Sie nicht nur. Belohnen Sie schon den geringsten Ansatz. Erwischen Sie Ihr Pferd dabei, wie es etwas richtig macht. Seamus, mein wunderbarer kleiner Schimmel, wurde eine Berühmtheit, weil wir etwas fanden, das er wirklich gut konnte. Er gewann in unserer Gegend jeden Wettbewerb für das am besten herausgebrachte Pony: Er war gut darin, weiß zu sein! Nachdem wir etwas gefunden hatten, bei dem wir erfolgreich waren, beeinflusste dies unsere ganze weitere Zusammenarbeit.

• Seien Sie mitfühlend. Ein Pferd kann uns nicht sagen, ob es sich hundertprozentig wohl fühlt. Es liegt bei uns zu entdecken, was nicht in Ordnung ist. Wir alle haben schlechte Tage, und Freunde erkennt man daran, dass sie uns auch an Tagen lieben, an denen wir einfach nur unerträglich sind.

• Bleiben Sie ehrlich. Wir haben vermutlich alle schon einmal einem Pferd etwas abgefordert, dessen wir uns selbst nicht ganz sicher waren. Mir fällt da ein Kombinationssprung mit dem Hindernis „Irish Bank" in Hickstead ein –zum Glück wusste mein kluges, altes Pferd, was zu tun war, denn ich hatte nicht die leiseste Ahnung. Beschuldigen Sie niemals Ihr Pferd, wenn es Ihre Signale auffängt und sich weigert bei einer Sache, die Sie nicht oder zumindest nicht gern tun wollen. Wahrscheinlich denkt es, dass es Sie beschützt, und eine Bestrafung dafür wäre nicht fair. Bleiben Sie auch dann ehrlich, wenn es darum geht, dass Sie eine Fehlentscheidung getroffen haben oder sich mit Ihrem Pferd einfach nicht mehr verstehen. Passen Pferd und Mensch nicht zusammen, ist dies nur Zeitverschwendung und macht beide unglücklich. Mögen Sie die Person, die Sie sind, wenn Sie bei Ihrem Pferd sind? Es sollte Ihre besten Eigenschaften herauslocken, und umgekehrt. Andernfalls wären Sie beide bei anderen Partnern besser aufgehoben.

• Genießen Sie Ihre Zeit mit dem Pferd. Siege bei Wettbewerben können traumhaft sein. Studien belegen, dass Menschen, die zusammen ein schlimmes Erlebnis durchgestanden haben, sich anschließend aufgrund eines psychologischen Prozesses ineinander verlieben können. Genau so habe ich mich meinen Pferden immer eng verbunden gefühlt, wenn wir zusammen ein aufregendes Rennen oder eine Prüfung hinter uns gebracht hatten. Ich kann Menschen nicht verstehen, die nach einem Sieg die nächsten zehn Minuten damit verbringen, ihre Arme in die Luft zu strecken und zu triumphieren, wenn sie ihr Pferd knuddeln könnten! Für mich ist die Zeit der Wettbewerbe vorüber, aber ich habe noch immer dasselbe Gefühl, wenn ich das Join up® mit einem Pferd erreiche. Es ist schön, Pferde zu putzen, sie an der Hand grasen zu lassen, mit ihnen spazieren zu gehen, sie beim Fressen zu beobachten. Verpassen Sie nichts!

• Werden Sie ein „generalisierter positiver Verstärker", wie die Behaviouristen sagen würden, oder einfacher: jemand, mit dem das Pferd Angenehmes verbindet. Kennen Sie einen dieser immer nur negativen Menschen, deren Stimme am Telefon schon bewirkt, dass Ihre Stimmung sinkt? Sie wissen schon, dass nichts Gutes kommen kann. Hatten Sie jemals schon morgens beim Einparken das Gefühl, dass Ihnen beim bloßen Gedanken an Ihren Chef und den Tag, der vor Ihnen liegt, übel wird? Kann es sein, dass Sie selbst so ein negativer Mensch oder so ein Chef sind? Doch sicher nicht!

• Bevor Sie zu Ihrem Pferd gehen, sollten Sie einige Male tief durchatmen und alle anderen Sorgen und Nöte des Alltags beiseite schieben. Wie bereits erwähnt, gibt es verschiedene Methoden, es dem Pferd ungemütlich zu machen.

Besonders traurig ist, dass wir häufig nicht einmal merken, wie wir das machen. Wie wirkt ein schlecht passender Sattel, mit dem das Gerittenwerden für das Pferd jedes Mal ein schmerzhaftes Erlebnis ist? Wenn Sie die Verantwortung für ein Pferd übernommen haben, sind Sie auch in jeder Hinsicht für sein Wohlergehen verantwortlich! Hufe, Zähne, Verdauung, Muskeln, Gelenke – die Liste ist endlos, aber wenn das Pferd sich auf irgendeine Weise nicht ganz wohl fühlt, müssen wir das herausfinden und die Ursache beseitigen.

Wissen muss man auch, dass ein Teufelskreis entsteht, wenn jemand unglücklich und reizbar zu seinem Pferd kommt. Solche Menschen strahlen ihre Unzufriedenheit aus, das Pferd kann nicht entspannt mit ihnen arbeiten, und der Mensch wird noch frustrierter.

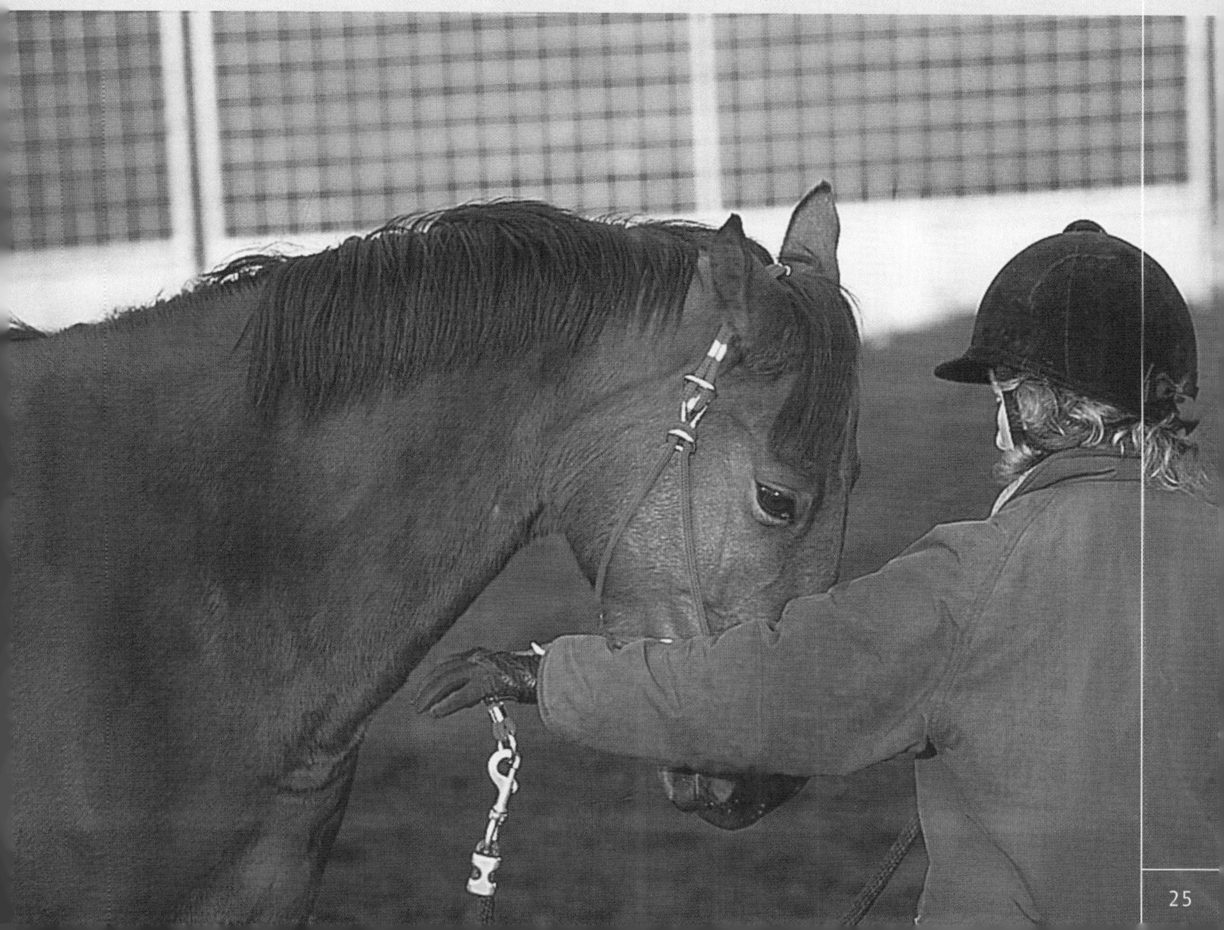

Schattenseiten

Wenn Sie sich in einem Pensionsstall oder auf einem Turnierplatz genauer umsehen, werden Sie erstaunt feststellen, dass Sie viele wütende, unglückliche Menschen sehen. Natürlich gibt es überall woanders auch wütende, unglückliche Menschen – aber ziehen Pferde solche Menschen besonders an, oder machen Pferde aus netten Menschen Monster? Wir nennen unsere Kurse „Intelligent Horsemanship", und wir glauben, dass undisziplinierte Wutausbrüche in unserer Arbeit nichts verloren haben, sondern das Vertrauen in einer zuvor guten Beziehung völlig zerstören können. Wenn ich zu anderen Menschen gesagt habe, dass man Tieren gegenüber keinesfalls die Beherrschung verlieren darf, bekam ich nicht selten die Antwort, dies sei ja gut und schön für Übermenschen und Heilige, aber manchmal ‚könne man einfach nicht anders'. Ich stimme insofern zu, als Wutausbrüche in der Natur einiger Leute liegen, besonders solcher, die in ihrer Jugend selbst Opfer von Jähzorn und Gewalt geworden sind; man kann solche Verhaltensmuster jedoch durchbrechen, wenn man wirklich will.

Viel Wut entsteht durch Frustration, und diese stammt aus dem Gefühl, mit dem gegenwärtigen Problem überfordert zu sein. Was wäre jedoch, wenn Sie die innere Sicherheit hätten, mit jeder Herausforderung zurechtzukommen? Sie müssten nicht frustriert sein und folglich auch nicht wütend werden – ganz einfach! Sie könnten tatsächlich jedes auftretende Problem lösen. Betrachten Sie es einmal so: Eine ruhige, intelligente Person, die ein Problem durchschaut und von allen Seiten betrachtet (das sind übrigens Sie), wird sehr viel wahrscheinlicher eine Lösung finden als ein wütender, tobender, schreiender Idiot (nicht Sie, aber vielleicht jemand, den Sie kennen?).

Wenn die nächste Herausforderung kommt, wählen Sie nicht den Zorn, und schlagen Sie nicht Ihr Pferd dafür. Halten Sie inne und sagen Sie sich: „Ich kann das bewältigen." Wenn Sie eine Weile Abstand von der Situation gewinnen können, umso besser. Vielleicht machen Sie sich einige Notizen oder diskutieren mit einer intelligenten Freundin mögliche Lösungsansätze.

Sie müssen sich darüber klar sein, was Sie erreichen wollen. Anschließend überlegen Sie sich, wie Sie es Ihrem Pferd leicht und angenehm machen, Ihren Wunsch zu erfüllen, und schwierig und ungemütlich, etwas anderes zu tun. Was können Sie kurzfristig tun?

Aus der Erfahrung heraus lässt sich sagen, dass manche Menschen offenbar denken, sie müssten wütend werden, wenn ein Problem auftritt. Auch dieses Dilemma bedarf der Analyse. Natürlich ist es Ihnen als Turnierreiter nicht gleichgültig, ob Sie einen schlechten oder unterdurchschnittlichen Ritt hinlegen, aber Zorn hindert Sie daran, über die Ursachen nachzudenken. Entscheiden Sie sich anders.

Kann Wut jemals nützlich sein? Vielleicht hat sie eine Funktion, wenn Sie sich über sich selbst ärgern und nicht versuchen, die Schuld bei anderen zu suchen. Es hat mir auch gelegentlich geholfen, mich aggressiv zu gebärden, wenn ich zusätzliche Kraft brauchte, zum Beispiel bei der Bodenarbeit mit besonders zähen Pferden. Ich bin weder besonders stark noch schwer, und ich muss deshalb einige Energie in meine Bewegungen stecken, um etwas bewirken zu können. Echter Zorn wäre jedoch einfach lächerlich.

Passen Sie auf, dass Sie nicht Emotionen auf das Pferd als Ersatzobjekt übertragen; dies kommt vor, wenn das eigentliche Problem nicht beseitigt wird und weil eine Übertragung weniger gefährlich ist. Nach Ärger mit dem Chef beispielsweise kommt man heim und lässt seine Wut an einem Familienmitglied aus.

Manchmal ist der kleinste Anlass Auslöser dafür, dass all die aufgestauten Emotionen in einem wilden Strom aus falsch platzierter Wut hervorbrechen. Alle Schwächeren, ob es Tiere, Kinder oder auch finanziell Abhängige sind, sind ideale Kandidaten für solchen Missbrauch, denn sie können sich nicht wehren. Ich wette, nicht viele Leute suchen sich dafür einen Preisboxer mit der Bemerkung „Ich habe nur die Beherrschung verloren – ich konnte nicht anders", denn die unbequemen Konsequenzen sind ihnen durchaus deutlich. Es erscheint viel vernünftiger, bei Kind oder Pferd „auszurasten". Solche Leute müssen endlich begreifen, dass sie entweder tyrannisch oder feige sind.

Auch Menschen, die Angst haben oder leicht verlegen werden, werden eher wütend auf das Pferd, als dass sie den tatsächlichen Grund vor sich selbst oder anderen zugeben. In der Folge leiden die Pferde darunter, bis diese Menschen sich endlich ihren wahren Gefühlen stellen und angemessene Schritte unternehmen.

Wenn Sie feststellen, dass Sie sich trotz Ihrer sonst recht ruhigen Natur über ein bestimmtes Pferd immer wieder ärgern oder aufregen, dann müssen Sie vielleicht der Tatsache ins Auge sehen, dass Sie nicht zusammenpassen. So etwas kommt vor. Tun Sie sich beiden den Gefallen und finden Sie ein Pferd, das besser zu Ihnen und Ihren Fähigkeiten passt.

Stressabbau

Eine weitere Ursache für Wut ist Stress, der aus anderen Bereichen Ihres Lebens herüberschwappt. Ist Ihnen aufgefallen, dass Sie sich gerade in letzter Zeit häufig über irgendetwas aufregen? Eine ärztliche Untersuchung sollte Ihr erster Schritt sein. Ein Arzt kann feststellen, ob Sie richtig essen und genug schlafen. Haben Sie einen stressigen, hektischen, kräftezehrenden Job, müssen Sie ihn völlig hinter sich lassen, bevor Sie etwas mit Ihrem Pferd machen. Heutzutage gibt es so viele gute alternative Heilmethoden für Pferde: Homöopathie, Aromatherapie, Massagen, Akupunktur – gut möglich, dass Sie eine solche Behandlung viel nötiger haben als Ihr Pferd!

Auch durch Atemtechniken lässt sich Stress abbauen. Korrektes Atmen ist in vielerlei Hinsicht so wichtig. Ist Ihre Atmung ruhig und gleichmäßig, überträgt sich das auch auf die Gemütsverfassung. Sind die Muskeln im unteren Bauchbereich beim Einatmen entspannt, kann sich das Zwerchfell weiter nach unten bewegen, und die Lungen nehmen mehr Luft auf. Atmen Sie in langen Zügen, langsam, ruhig und tief. Beim Einatmen dehnen Sie nicht nur den Brustkorb, sondern auch Ober- und Unterbauch. Sie können besser durchatmen und haben folglich mehr Energie. Zwischen dem Atmen, dem Gemütszustand und den Gefühlen bestehen enge Zusammenhänge. Zornige Menschen halten oft die Luft an, nervöse oder verängstigte Menschen atmen kürzer und flacher. Durch das Atmen reichern Sie Ihren ganzen Körper mit Sauerstoff an. Sie stimulieren die elektrischen Prozesse in jeder einzelnen Zelle, die Gehirnzellen eingeschlossen. Atmung im unteren Bauchbereich hilft, einen tiefen Schwerpunkt zu behalten, was Ruhe und Entspannung fördert. Einer der besten Wege zum Entspannungstraining ist die Meditation im Sitzen oder Liegen. Auch Yoga sowie einige Kampfsportarten bieten hervorragende Entspannungstechniken.

Lassen Sie Ihren stressigen Job weit hinter sich, bevor Sie etwas mit Ihrem Pferd machen!

Zwölf Tipps zum Ruhigbleiben

1. Stellen Sie fest, was Sie wütend macht. Ist es Frustration, Übertragung von Emotionen, Angst, Verlegenheit, Hilflosigkeit oder Stress?

2. Stellen Sie sich diesen Gefühlen!

3. Nehmen Sie das Kernproblem in Angriff.

4. Lernen Sie richtig zu atmen.

5. Handeln Sie mit sich selbst aus, dass Gewalt nicht mehr zur Wahl steht.

6. Überlegen Sie sich, wie Sie reagieren wollen, wenn die Situation Ihren Zorn herausfordert. Stellen Sie sich vor Ihrem inneren Auge vor, wie Sie das Problem würdevoll lösen.

7. Ruhig zu bleiben bedeutet nicht, Schwäche zu zeigen. Gerade im Gegenteil: Sie können viel wirksamer handeln, wenn Sie Ihren Verstand beisammenhalten.

8. Akzeptieren Sie, dass die Leute Sie für Ihre Ruhe bewundern. Hören Sie im Geiste die bewundernden Kommentare.

9. Machen Sie nichts mit Ihrem Pferd, so lange Sie sich so müde, gestresst, hungrig oder unglücklich fühlen, dass Sie ihm nicht gerecht werden können. Wenn Sie merken, dass Sie sich aufregen, ziehen Sie sich so lange aus dem Geschehen zurück, bis Sie sich ruhig genug fühlen, die Dinge sachlich anzugehen.

10. Tragen Sie keine Gerte, wenn die Gefahr besteht, dass Sie sie in einem Wutanfall einsetzen. Sie dient nur als zusätzliche Verständigungshilfe! Das Wip-Wop-Seil wirkt besser, aber Sie müssen es dazu sehr kontrolliert einsetzen – eine gute Disziplinübung für Sie.

11. Seien Sie freundlich zu Ihrem Pferd und zu sich selbst. Machen Sie sich immer wieder bewusst, welche Vorzüge Sie beide haben.

12. Verlegen? Nehmen Sie sich selbst nicht so wichtig – was glauben Sie denn eigentlich, wer Sie sind!?

Die große Liebe

Was glauben Sie, was Ihr Pferd empfindet, wenn es Sie sieht?

In meinem Lieblingsfilm über Pferderennen, dem Film „Love Match", geht es um die 18-jährige Zuchtstute Signorina, die enttäuschenderweise nur ein einziges Fohlen brachte. Ihr sentimentaler Besitzer Chevalier Ginistrelli, der aus Italien nach England gekommen war, bemerkte, dass die Stute offensichtlich eine Schwäche für Chaleureux, den Hengst des Nachbarn, hatte. Der Hengst wieherte ihr stets zu, wenn er auf seinem täglichen Spaziergang an ihrer Weide vorbeikam, und Signorina gab Antwort. Chaleureux war kein hochklassiger Zuchthengst, sondern war in Handicap-Rennen gelaufen; seine Decktaxe betrug nur neun Guineen. Ginistrelli beschloss, Chaleureux die Stute zuzuführen aufgrund der, wie er sich ausdrückte, „grenzenlosen Sympathie und Liebe". Das Ergebnis dieser großen Liebe war ein Stutfohlen, das Ginistrelli Signorinetta nannte. Ohne ein erfolgreiches Pferd im Stall und obendrein ein Ausländer, war Ginistrelli eine Witzfigur in den englischen Rennkreisen.

Als Signorinetta 1908 das Epsom Derby mit einer Quote von 100 zu 1 gewann, herrschte zuerst völliges Schweigen. Dann lief der Chevalier mit seinem altmodischen Panama-Hut auf die Bahn hinaus, und das Publikum bereitete ihm und der kleinen Stute den Empfang, den sie verdienten. Zwei Tage später gewann Signorinetta die Oaks. Der König schickte nach dem Chevalier und ließ ihn vor die königliche Loge führen, wo beide mit lautem Jubel empfangen wurden. Ich liebe die Beschreibung, die Signorinettas tränenüberströmter Besitzer von seinen Gefühlen für sie gibt: „Sie ist das Kind meines Herzens sie ist alles, was gut ist." Ist es das, was Ihr Pferd von Ihnen denkt

„Gewinnen kann großartig sein". Kelly auf Cracking nach dem Sieg beim Trinifold Silver Crest in Newbury. Die Peitsche wurde getragen, aber ganz sicher nicht eingesetzt.

15

KOMPAKTES PFERDEWISSEN

Anne-Katrin Hagen

Die Reiterhilfen

In diesem Band erfährt der Leser wie man die feinen Reiterhilfen erlernt und wie man sie richtig anwendet.

Broschiert, 32 Seiten, farbig
ISBN 3-86127-273-3

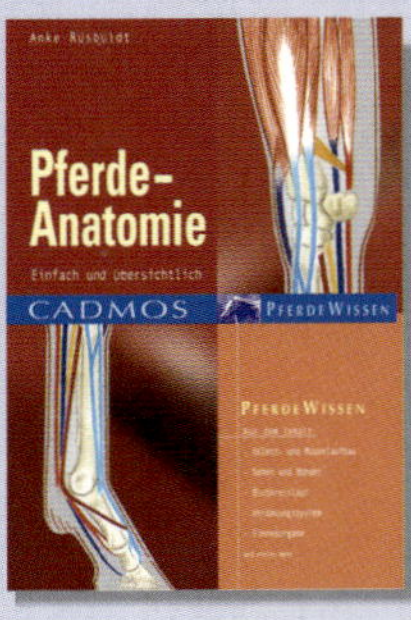

Anke Rüsbüldt

Pferde- Anatomie

Dieser Ratgeber vermittelt klar und übersichtlich die wichtigsten Anatomiekenntnisse und hilft, dem Tierarzt ein kompetenter Gesprächspartner zu sein.

Broschiert, 32 Seiten, farbig
ISBN 3-86127-284-9

Angelika Schmelzer

Richtige Pferdefütterung

Was braucht mein Pferd, um wirklich fit zu bleiben und sich wohl zu fühlen? Diese und viele weitere Fragen beantwortet dieser Ratgeber kompetent und zuverlässig.

Broschiert, 32 Seiten, farbig
ISBN 3-86127-286-5

Nicole Künzel

Pferde richtig pflegen

Dieser Band erfährt der Leser, alles was man für die Pferdepflege braucht und erhält eine Menge Tipps und Tricks.

Broschiert, 32 Seiten, farbig
ISBN 3-86127-280-6

CADMOS

Cadmos Verlag GmbH · Im Dorfe 11 · D-22946 Brunsbek
Tel. 04107 85 17 0 · Fax 04107 85 17 12
www.cadmos.de